두부

김영미 시집

김영미 시인
부산 출생으로 1998년 『시와사상』으로 등단하였으며, 시집 『비가 온다』가 있다.
시와사상 운영위원, 부산작가회의 회원으로 활동하고 있다.
gangmul53@hanmail.net

시와사상 시인선 15

두부

김영미 시집

시와사상사

시인의 말

피같은 시집
숨같은 시집
한 권이면 족하다
그 이상은 말과 종이의 낭비일 뿐

알면서
두 번 째 시집을 묶는다

알면서
사랑한다고 노래했으니

축제의 시작이며
祭儀의 서막이다

내리는 비가 이 말을 지운다

2011년. 9월
김영미

차례

시인의 말

제 1 부

즐거운 번개 11
두루마리 13
회전문 15
별을 지나서 17
비단끈 19
천국과 지옥 22
나의 바깥 24
모래시계 27
두부 29
장미 31
虛空 32
그 먼지는 34
편안한 바닥 36
밤의 광합성 38
메아리 림니림니 40

두부

제 2 부

믹서	45
그럼, 로비에서 뵙겠습니다	47
사회적 또는 개인적 수건	49
그물	51
예고편을 보다	53
격문	55
기념으로	56
댄스 댄스	58
Logo族 . Logo Song	60
황금나무	62
액션 페인팅	64
잡초들	66
노련한 들러리	68
매직, 순간이동	70
철조망 엘레지	72
슈퍼스타 나의 오리온	74
지구는 혼자 돌지 않는다	76
물금역 지나	78

차례

제 3 부

사랑	83
누군가가 내게로 오고 있다	85
최후의 확률	86
텍스트 A	88
현수막	90
내가 바다로 가는 이유	92
기억들	93
스프링 스프링	95
그들의 마음을 모르는 바는 아니지만	97
저수지에서 안경도수를 낮추다	99
약간의 지연방송	101
당신의 공주님은	103
가을 왕조	105

두부

제 4 부

방파제	109
터널	111
행성 '하이힐'에 오르다	112
비누	114
횡단	116
비전문가	118
흐르는 몸	120
소설과 비	122
가계도	124
日常, G선의 아리아	125
애연, 담배연기를 위한	127
철학 강사, P氏의 적들	129
世紀에 관한, 즉문즉답	131

■ 해설
자신과 타인을 치유하는 시,
아트(Art)이자 테크네(Techne) | 김백겸　　133

제1부

즐거운 번개

아파트 옥상에 올라가
하늘 귀퉁이를 살핀다
나를 천둥치게 할 번개를 기다린다

전반적인 날들
정체불명의 저기압 속에
나는 갇혀 있다
나를 둘러 싼 전선다발에 전기가 흐르지 않는다

죽은 날들이 자라
내 속에 가부좌를 틀고
감각과 생각이 부딪혀 내 몸
부싯돌 푸른 섬광으로 타오른 지 오래

칼날마저 녹슬어 극한으로 치닫는 즈음
하늘 저 편
맞장 뜨는 기층과 기층 사이 시커먼 먹구름 뗏장을 뚫고
  오, 반가워라 번개
  번개가 올 조짐

몸 속 석유통을 꺼내어라
뚜껑을 열어라
정수리에 심지를 박고
번쩍이는 번개, 도화선을 지펴라

악어처럼
악랄하게 허공이 찢기울 때

네 속으로

폭약처럼

기습적으로

쾅쾅, 우르르 쾅쾅 오! 즐거운

두루마리

너의 그림과 나의 그림을 두루루 말면
두루마리가 되지
두 마리가 한 마리가 되지
한 통속이 되어
집요하게
비밀문서를 집필하기 시작하지

온몸이 필기구이지
벼루이고 물감이지
도대체 너의 항목과 나의 차례에 대해선
생각할 겨를이 없지
두루마리를 펼치면
구불텅구불텅 독 오른 활자가 몽골초원을 가로질러
올리브향 대륙을 건너뛰지

황금 나침반의 바늘은 세계의 꽃나무를 향해 있고
두루마리의 역사는 새로운 기록들로 넘쳐나지
투두둑
블라우스 단추가 뜯기면서
리본으로 조인 두루마리 가슴이 헤쳐지면서

한 바구니 가득
비밀문서들이 붉은 삐라를 뿌리기 시작하지

하늘의 별자리판과 땅의 지형도를
두루루 말면
천지조화가 일어나지 꽃이 피기 시작하고
바람이 불기 시작하고 두루마리는 소용돌이를 집
필하지
회오리를 일으키지

두루마리 문서의 필력은 끝이 없지

회전문

황소자리와
물병자리 근처
달빛을 밀고 당기며

돌아가는 문이 있다
송별사에서 환영사로
기도문에서 추도문으로
식순과 차례가 뒤바뀌는 문이 있다
아무도 문이라 부르지 않는
문이 있다
회오리치는 꽃들에 대해
회전하는 별들에 대해
무감각한
문이 있다
상처를 주고받으며 톱니와 톱니 사이
으깨어지는 사랑에 대해
피 흘리는 이별에 대해
무신경한
문이 있다
가치판단을 하지 않는

자비롭지도 잔인하지도 않는
문을 열고
계절과 계절이 넘나들고
꽃과 나무가 우거지고
모래바람이 피어오르고
아무도
그 입구와 출구를 본 적이 없는
지구라는
문이 있다

며칠 전,
갑자기 그가 떠난
문이 있다

별을 지나서

최면 의자에 앉는다
백 년 전 당신은 무엇이었습니까
다시 거슬러 올라갑니다 당신은 무엇이었습니까

최근에 나는 이 세상에 사람이 되어 왔다
밝혀지지 않은 어떤 프로그램에 의해
테마가 있는 여행을 하고 있는 중이다
나의 취미는
원조 찾기이다

미래의 꿈은
기록 이전의 시대를 거슬러 올라
나무와 풀, 풀과 바람, 최초의 구름이 자리 잡기 전
나의 맨 처음으로 돌아가는 것이다

최면술이 아니더라도
나의 과거는 밝혀져 있다
우리는 모두 별에서 왔다

별!

제 온기 하나만으로도 한없이 빛나는
그러나 미심쩍다
아무래도 내가 반짝이는 고유명사의 幻에
안주하려 드는 것 같다

다시 최면 의자에 앉는다
별을 지나
당신은 어디에서 왔습니까

色이기 전에
空이기 전에
당신은 무엇이었습니까

비단끈

삶보다는 죽음
죽음보다는 자살이란 말이
더 솔깃한 내게
누군가 비단끈이 없어 못 죽는다고 했다

나일론끈이면 어때서요 그냥 살고 싶다 그러지요
비아냥거리면서
비아냥거리면서
나는 그만 비단끈의 마력에 걸려들었다

우선 지도를 펼치고
머나먼 사마르칸트를 향해 길을 떠난다
구도의 길이었건
교역의 길이었건
목숨을 걸었던 꿈이면서 끈이었던
실크로드를 따라간다 터벅터벅 다리를 끌며 절며

비단길 비단천 비단꿈 비단끈

한 곡의 노래

한 줄의 싯구
때론 한 줄기 햇빛과 바람으로
삶과 죽음이 손바닥처럼 명쾌해질 때
순간, 내 눈앞에서 목을 조르고 달아나던
붉고 푸른 비단끈들

거울을 당긴다
그 속에 내가 걸어온 길이 보인다
붉은 올가미
그가 점찍어 놓았다는 소나무도 보인다
꿈틀거리는 목줄기를 어루만지며

비단길 비단천 비단꿈 비단끈

내가 목매달았던 나무들
강가에 걸린 한 그루 미루나무였을지도
그저 한 그루 신기루였을지도

티브이에서는 두 연인이 사랑을 속삭이고 있다
죽도록 사랑해요

서로의 팔을 목에다 두르고
바싹, 비단끈을 조으고 있다

천국과 지옥

죽음은 우리가 다함께 부르는 공평한 노래이니
현실적으로 접근해보자

미국 사람의 천국은 미국 하늘 속에 있고
일본 사람의 지옥은 일본 땅 속에 있다

게르만 민족의 천국이 한민족의 천국이 될 수 없으니
지구상의 천국과 지옥은 나라의 개수만큼 늘어난다

잭크의 콩나무가 쑥쑥 자라 흰 구름과 만나는 곳이
착한 잭크가 죽어서 가는 천국의 입구라면

내가 미끄러져 빠질 지옥은 분명 나의 발 밑
신발 밑창과 연결되어 있을 것만 같다

잭크가 움직이고
내가 움직이고 미국놈 일본놈이 지그재그로 움직일 때

잭크의 천국이 움직이고 나의 지옥이 움직이고
세상의 지옥과 천국이 지그재그로 움직인다

생각을 떨치려고
나는 벌떡 일어나 달린다

머리 위의 천국과
신발 밑창에 달라붙은 지옥이 함께 달린다

나의 바깥

약속장소로 가는 길에
나를 스쳐 지나가는 사람들
내가 천변을 걸을 때
오른발과 왼발, 보폭사이를 빠져나가는 길들

사는 일이
사람을 만나거나 이 길 저 길 걷는 일이지만
내가 만난 사람
내가 걸은 길은
빙산의 일각

나머지 빙산은
내가 만나지 않은 사람들 속에 있고
걷지 못한 길 위에 있고
북극에 있고 남극에 있어
나는 모른다

아무리 파고들어도 합쳐지지 않는
너의 몸
내 안에 있으나

가닿지 못하는 나의 심연
또한 나의 바깥이고

나의 바깥은
벗어놓은 신발로부터
칸나꽃 마당을 지나 지구너머로 이어진다

나를 열면
바깥이 흘러들어와
내 안을 가득 채운다는 우주
그 곳을 향해 무한히 나아가고 싶지만

딱딱해진 날개 안에 웅크린 한 마리 갑충처럼
지구본에 꽂혀 다만
나를 잡고 파닥거린다

오후 4시
언제나처럼 벗어놓은 신발을 신고
칸나꽃 마당을 지나 천변으로 나갈 때
내 안을 향해 걸어갈 때

문득 발 앞을 막아서는
노란 민들레꽃
또한 가 닿을 수 없는
나의 바깥

모래시계

사람들이 나를 모래시계라 했다
나는 모래일 뿐

나는 사우나실 유리깔대기 속에 갇혀있다
벌거벗은 사람들이 들어와 나를 뒤집는다
흘러내리기 시작한 나는
아래로 옮겨져 모래산이 되었다
모래산을 허물고
다시 모래산을 만드는 것이
나의 일이다
주위를 둘러보니 풀 한 포기 없다

자욱한 안개 속
수건으로 머리를 감싼 여자가
다시 나를 뒤집는다
깨지기 쉬운 유리깔대기 표면에 금이 가고
카운트 다운은 시작되었다
예고도 없이
박씨 아저씨의 숨소리가 잦아들고
마당에 가득

붉은 꽃잎들이 떨어져 쌓이고
기우뚱한 처마 밑에서
흙더미가 흘러내리기 시작한다

나는 모래일 뿐
바다는 시계를 걸지 않는다
사막은 시간을 가두지 않는다

두부

1.
그러니까 상고시대로부터 지금에 이르기까지 우리나라의 총인구수를 알고 싶다면 두부를 먹어본 사람의 수를 세면 되리라

2.
여기 두부가 있다
무색무취에다 자의식이 없는 두부는 돼지비계에 붙고 김치에 붙고 쓸개와도 어울린다 어떤 맛도 주장하지 않는 두부는 모든 맛과 거리를 두고 있어 어느 쪽으로도 기울지 않는다 두부는 그냥 두부일 뿐, 아마도 중용이란 낱말에 혀를 대어보면 십중팔구 두부맛이 나리라 네모였다가 네모가 아니다가 형이 으깨져 동그랑땡이 되어도 그대로 무아무상이다 반야심경을 푹 우려낸 물에 간수를 넣어 굳힌다면 아마 두부가 되리라

3.
두부쯤이야
단숨에 짓뭉개버릴 수도, 심장 깊숙이 칼을 꽂을

수도, 나는 두부 앞에서 당당하다 젓가락으로 모서리 한 점을 건드려 본다 기다렸다는 듯 두부는 스스로 제 살점을 뭉툭 떼어 젓가락 쪽으로 옮겨 앉는다 칼로 잘라본다 칼이 닿자마자 두부는 온몸으로 칼을 받아들여 칼의 길이 되어버린다 큰 육모, 작은 육모, 조각이 난 두부 어디에서도 칼의 흔적, 칼의 상처를 느낄 수 없다 어느 칼잡이가 칼을 받아내는 솜씨가 이러할까 고수 중에 상고수다

4.
온두부에다
연두부
연두부에다 순두부
두부는 연하고 순하다 따듯하고 착하다 그래, 두부야, 그래서 두부야 그러니까 두부여 무엇이라고 이 두부놈아 아이구 두부님 어이구 두부시여 이제, 나의 화두는 두부이다

장미

쵸코파이 비닐봉지 옆에

우유껍데기 옆에

떨어진 장미껍데기가 수북이 쌓여있다

귀를 떼어내고

눈을 떼어내고

장미가 제 얼굴을 버리고 있다

虛空

어디를 들이받는지 옷을 벗다보면
늘상 여기 저기 피멍이다
통증이 피었다
진 자리
떨어진 동백 서너 송이

어디에 심하게 받쳤는지
석달 열흘 내내 정신이 멍하다
장산역을 내렸을 때
들고 와야 할 전화번호를
탁자 위에 두고 왔음을 깨달았다

멍청은 허공의 다른 말
멍청해진다는 것은
몸에
허공의 개수가 늘어난다는 말

내가 지금 나온 곳이 9번 출구던가
오락가락 헤매다 보니 손에 들고 있던 옷이 없어졌다

옷을 찾아 다시 헤매기를 한참
7번 출구 밖 다리를 쉬었던 돌부리에
거적때기로 버려져 있다

그 속에
팔다리가 없는
몸뚱이 하나가 누워 있다

허공을 올려다보니
머리와 가슴이 없다
내가, 허공이다

그 먼지는

 동질성에서인가? 그득 쌓인 책 위에 먼지가 그득 쌓여 있다 내용에 앞서 필연적일 수밖에 없는 제목에 대해 먼지는 며칠 또는 몇 달째 긴 묵상 중에 있다 햇빛보다는 그늘 쪽인 먼지는 컴컴한 구석을 주로 거닌다 십 년을 꿈쩍 않는 가구들의 해묵은 그림자를 걸치고 말하기보다 침묵을 좋아하는 먼지는 TV 브라운관 속이나 스피커 떨림판 속에 소복히 귀를 모으고 있다 靜的이나 급속히 動的으로 팽창하기도 하는 먼지는 이리 저리 떠도는 마음을 따라 무작정 헤매기도 한다 이율배반적이기도 한 먼지는 장식장을 붙들고 있으면서도 장식이기를 거부하고 자유롭기 위해 무한궤도를 꿈꾸면서도 돌아가는 선풍기 날개를 죽어라 부여잡고 있기도 한다 그 먼지는

 우주에서 보면 모든 것이 다 티끌인데
 꽃도 별도 사람도 다 티끌인데

 독자적이고자 하는 그 먼지는 보다 깊고 보다 높은 곳에 저만의 공간을 마련하고 마침내 없음에 이르고자 한다 그러면서도 올이 고운 보송보송한 옷과

향기로운 화장품 뚜껑에 한없이 집착하는 그 먼지는 한 칸짜리 집과 한 평짜리 사무실을 꽉 붙들고 한 발짝도 나가지 못한다 그 먼지는

편안한 바닥

널판 위에서 말라가는
토끼피륙을 본 적이 있다
팔각으로 끌어당긴 몸의 귀퉁이마다
압정이 꽂혀있었다
형극이란 말이 나를 치고 지나갔다

수면제를 먹었다 얼마동안이나 잤을까?
나는 지금
방바닥에 토끼 피륙처럼 펼쳐져 있다
나의 사지에 여덟 개의 못이 박히는 동안
나의 두께 나의 장기들은 다 어디로 가 버린걸까?

형극이란 생각은 나의 오류였다
내용물이 없는 이 편안함
주파수 제로의 이 고요함

나는 나를 무두질하기 시작한다
더운 피를 긁어내고
이름을 들어내고
사람이었던 기억을 지운다

칠성판처럼 무심하게
흰 광목천처럼 담백하게
드디어 나는
한 장의 바닥자리로 완성되었다

편안한 날들이다
흔들흔들 누군가의 손에 들려 나는 옮겨진다
모래사장과 함께 모르는 엉덩이를 받아내기도 하고
호랑가시나무아래 길게 드러누운 고단한 등을
편안히 받쳐주기도 하면서 나는

밤의 광합성

밤이 깊었다
어둠도
사람도
골수분자만이 남았다

별빛을 당겨
高手와 高手가 만나 이루어내는
밤의 광합성
실험실은 멀지 않다
나의 내부

온갖 색깔의 시약병들 속에
깨어진 시험관 벽 검게 눌어붙은 삶의 찌꺼기들 속에
진공플라스크에 박힌
형광등의 말똥말똥한 눈빛 속에
포르말린 병속 결코 부패하지 않는 질문들 속에

찰나지만
무한 천공으로 사라지는 나를 목격한 후

나는 종래 그 발자국을 추적중이다
나를 달여 거른다면
비이커 밑바닥 한 조각 날선 사금파리

골수에 골수를 넣고 유리막대로 젓는다
저으면서 나는 생각한다
수억 년의 시간을 뚫고 빗방울 화석으로 태어난
비의 골수분자를

밤이 깊었다
하늘엔 유리처럼 투명한 이온들
촉매는
사방에 깔려있다

메아리 림니림니

누가 무엇이 그립니? 내게 물으면
무엇이 그립니 림니-림니
나는 메아리를 깨운다

산이란 산 모두-두두
바다란 바다 모두-두두

앞산에서 도-도-동산 을 넘어
아-아- 아프리카 아메리카 내가 가보지 못한
쿤둔의 산봉우리 우리-우리

언제부터인가 나의 그리움
개체가 아니고 덩어리
여기가 아니고 저기

위도와 경도를 지나
파도 끝에서 철썩이는 모든 대주大州와 대양大洋으로
빵굽는 마을을 돌아
광활한 평원의 밀밭- 밀밭

언제부터인가 내 그리움의 범위
창세기로부터 먼 은하계까지
떠돌이별의 방랑벽으로부터 만유인력의 사과나무까지
낙하하는 꽃들의 어지럼증- 어지럼증

누가 내게 무엇이 그립니 림니-림니
메아리를 보내면

잊혀져 가는 것 모두-두두
사라져 버린 것 모두-두두

제2부

믹서

원산지에 따라 생육사가 다른
각양각색의
과일들
믹서에 넣는다

스위치와 함께 눈 깜짝할 사이
격동의 한 세기가 몰려온다
굉음을 울리며
칼날의 검은 회오리 속으로 빨려든다
꿈결처럼
빨강과 초록, 극좌와 극우가 손을 잡고
주황과 연두,
중도와 보수가 섞인다
과육 속 붉게 영근 따가운 햇살이 섞이고
지중해의 염분과
아열대를 적시는 오후의 소낙비
몬순의 당도가 섞인다
기적처럼
껍질과 알맹이의 근원적 대립이 몸을 풀고
열 번의 만남과

스무 번의 헤어짐
마침내 모든 입자가 하나로 어우러진다
꿈결 같은
탁자 위, 한 잔의 코스모 폴리탄!

원심분리 되지 않는
그대와 나
믹서에 넣는다
뼈와 몸뚱이
비극처럼 회오리처럼
ON OFF ON OFF

그럼, 로비에서 뵙겠습니다

납치하듯 스르르
사람을 삼켜버리는 문이 있다
사과의 구조를 가진 문이 있다
씨방 속으로 잘못 들어온 듯
팔 다리가 잘리고 몸뚱이만 남은 듯

두 번의 칼날이 언제 지나갔나
나는 다시 1/4로 쪼개지고
사과조각처럼
무능해지고

마침내
통과의례를 치르고 들어선 호텔 로비
번들거리는 벽
유리와 거울이 서로의 위치를 맞바꾸며
전방위로 경호활동을 펼치는 중

007가방이 걸어온다
본드 걸이 걸어간다
무전기를 든 검은 양복과 시선이 마주치는 순간

잽싸게 방향을 틀었지만 소리도 없이
언제 총알이 발사되었나

나는 대리석바닥으로 흘러내리고
하얗게 굳어가고
급속히
중력이 떨어지고

나는 회전문 밖으로 튕겨났다
지나가는 사람
나의 역할은 끝났다

행인 7-1이 모퉁이를 돌고
행인 8-1이 보도블록 위를 걸어가고 있다

사회적 또는 개인적 수건

아침이다
보송보송한 섬유 올 사이로 코를 박으면
여기는 지극히 비밀스러운
감각의 제국

턱선으로 흐르는 이목구비가 숨어있고
섬섬옥수가 있고
삼겹 뱃살로 굳어지기 전
물방울을 타고 흐르던
S라인의 누드가 굽이친다

수건을 펼치면
사회적 학연과 지연이 있고
가족적 체취가 잔뜩 베여있다 피는 진하고
학연과 지연은 질겨 세탁기에 빠뜨려도
빠지지 않는다

빨랫줄에 흰 수건이 널려 있다
바람에게 내 줄 건 다 내 주면서
햇빛과의 당찬 야합

온몸이 빳빳한 미라가 될 때까지
사흘 만에 새롭게 부활하는
단합회 친목회 총동창회

짧고 길고 뭉툭하고 뾰족한 세상의 모든 인연들이
개업일과 기념일이
내 얼굴의 물기를 꼼꼼하게 닦아 준다
사회적 수건이
개인적 내 몸을 부드럽게 감싸 준다

그물

입으로 그물을 치는 사람
발로 그물을 엮는 사람
제 그물에 걸려 넘어진다

보고 싶고 울고 싶고 손목을 긋고 싶은
그물은
나로부터 시작된다

아스팔트 위에서
혼신을 다하여 사랑을 나누는 사마귀
오직 네가 있음에 내가 있고
우리는
서로의 감옥을 완성해 간다

눈을 감는다
키스면 키스

손을 뻗는다
주먹이면 주먹

초식과 육식을 지나
사람과 사람 사이로 파고드는
먹이사슬의 고리

그녀가 운다
그가 소리친다

톱날을 삼키고
칼날을 뱉는다

서로가 서로에게 걸려든 우리, 평생토록
그물은
그물을 빠져나가지 못한다

예고편을 보다

잠에서 깨어나는 시간
나는 부유하는 물질이거나 펼쳐진 종이

모서리와 꼭짓점이 맞물려
하나의 물체가 되기까지
여기는 누구도 아닌 공간

감긴 눈꺼풀 속
사건도 배경도 없이 독립영화가 상영된다
아내가 밥을 하고 애인이 거들고
나는 주인공이고 관객이고
현실과 비현실
지극히 양다리이고
어디까지나 제 삼자이고

이제 그만 일어나야지
네 귀퉁이를 뚫고
팔다리가 나오고 얼굴이 피어나는 동안
마침내 목발을 던져버린
눈부신 햇살,

세트장 지붕을 활짝 열어젖힌다

일일드라마가 펼쳐지기 직전
고가도로가 날개를 펼친다

살아 봐
뚫어 봐
10초 간격으로
맨홀 뚜껑이 도전장을 던지는
아침이다

격문

자아비판에 익숙한 나는
점점 비판적이 되어갔다
내가 휘갈겨 쓴 대자보들
대외용이 될 수 없어
내 안에 걸었더니
나는 그만 너덜거리는 벽보판이 되고말았다
삭발투혼을 불사르며
새로운 기록에 도전하는 선수들이나
결사항쟁 붉은 현수막 아래서 머리를 미는 사람들을 보면
삭발은 두발로 쓰는 격문
몸을 덜어내는 결단이 있어야만이
자신을 지킬 수 있다는 말인데
나뭇잎마저
혈서를 쓰는 계절
절벽을 뛰어내리듯 으샤! 으샤!
지금은 내게도
격문이 필요한 때

기념으로

저녁 아홉시 뉴스
밀수꾼이 허리에 차고 나온 전대 속
일렬로 누워있는 지폐 모양의
금괴들
문득 하나 갖고 싶다, 기념으로!

기념이라니
우선 내가 가진 기념의 품목들
 실반지, 조약돌, 에델바이스, 지폐 십만 원, 국화꽃 목걸이
 그 옆에 나란히 금괴를 놓아본다

다시 내 자신에게 묻는다
무슨 기념?

기념의 심층을 파내려가 본다
보도블럭을 들어내고 삽과 괭이로
금괴의 지층을 파내려간다

고미술품, 예술의 전당, 아파트, 토지

수십 년 동안 시청한 9시 뉴스들, 통틀어 고가의 자본주의
　내게 없는 품목들

　자본의 세상에 태어나 자본이랄 것도 없다 돈에
목매달지 않고 참고 끈질기게 살아가는 기념으로
수고하는 내게
　내가 주고 싶은 상

　그런데 왜 하필 금괴인가?
가장 자본주의적인

댄스 댄스

대형전자 상가 앞 큰 대자로 걸린
키다리 허수아비 풍선
너울너울 바람을 타는 모습이 퍽도 여유롭다
하늘을 붙들고 넉살을 떠는 모습이 몹시도 재미있다

한참을 지켜보고 섰노라니 참 바보같구나,
아내를 잃고 춤추는 처용같구나
불어오는 바람인줄 알았는데
스스로의 신명인줄 알았는데

뜨겁게 꿈틀거리는 아랫도리
주기적으로 공급되는 펌프의 공기압에 휘둘려
벌떡 일어서는가 했더니
어느새 허리가 부러지는
그의 춤은

한 판,
허공과의 슬픈 개그

붉은 아킬레스 근을 공략하라

쿵쾅거리는 간이무대 위
검은 가죽 장화의 아가씨 둘, 긴 머리채를 말채찍 삼아
휙휙 허공을 후려친다
지나가는 사람들 아래 위, 위 아래 그녀를
훑는다

그와 그녀의 판촉 작전
탈골의 비명은 안으로 삼키고
사랑해요,
만면에 웃음을 걸고 있는 그의 춤은
반라의 몸을 흔들고 있는 그녀의 춤은

지상에서의 한 판,
우리들의 슬픈 개그

Logo族 . Logo Song

지난 밤 물을 마시다가
니나스 컵에 그려진 새빨간 살구로고에
입술이 닿았어요 잠결인데도 순간,
짜릿했어요
로고와도 교감을 나누다니

빛과 어둠, 어느 쪽일까요
해님이 아침로고를 찍는군요
흰구름의 테이블 위에 놓인 먼로의 붉은 입술
나의 로고예요
이마와 뺨엔
당신로고를 찍어줘요

세상의 로고들은 모두가 나비죠
살아서 움직이죠
나비가 되기 위해
누군가의 로고가 되기 위해
빌딩과 전광판이 빼곡한 거리를 배회하죠
눈빛과 표정을 살피며
서로의 입구와 출구를 탐색하죠

로고에 끌려 자동차를 계약하고
외로워서 카드를 긋고
자정을 넘기며 당신 키를 두드리죠
타다닥 탁탁, 감각을 훈련하며 지나가는 발자국 소리와
신경전을 벌이지요

가로등이 없다면 밤 아니겠지요
사랑이 없다면 술병도 없을테고요
그러지 말고
자, 맘속 노래를 불러봐요 당신의 나비를 불러봐요
되면 되고 말면 말고
사랑해 사랑해

황금나무

아침 햇살이 은행나무 가로수를 파고 든다
도로 맞은편엔 철망으로 둘러쳐진 부산 구치소
저 안에서도 이 근사한 황금나무가 보일까

은밀하게 은닉을 꿈꾸는 자
범죄에 성공하고 음습한 골짜기로 파고 든 자
모처에 기념으로 은행나무를 심은 자
아름다운 불륜
황금 반지를 맞추고 기꺼이 장물애비가 된 자
완벽한 절도와 탈주, 아쉽게도
미수에 그친 자

둘 또는 셋
익명의 공범자들이 지금 더불어, 모두, 함께
이 근사한 황금나무 아래를 통과하고 있다
이미 빠져나갔거나
물증이 없는 자는
흔적을 남기지 않고
간간, 바람의 수색대가 거리를 뒤지고 지나간다

은행잎이 날린다
밀수꾼
박카스
절도범
각성제

슬픈 말들이 거리를 뒹군다
구덕터널 방향 정체
전광판에선 교통정보가 정체 중이고
구치소와 은행나무 사이에 끼어 나는 급속히 침체
중이다

돈이 다일 수는 없지만
불행의 대부분은 돈 때문, 구치소 근처의 은행나
무만이라도
정말 황금이었으면 하고 생각할 때

맞아요 맞아요 잎사귀 위에서 반짝이는 황금 햇살들
박수를 치며 몸을 뒤집는 이파리들

액션 페인팅*

공사장을 가로지르며
그가 페인트 통을 들고 이동 중이다
온갖 페인트가 흘러내린 그의 바지는
그대로 한 폭의 추상화
색채 미학의 진수이다

한 마디로 장미넝쿨의 정사로군
이건 흠-, 풀숲에 숨겨진 병정개미의 퇴각로
아-하 여긴 노랑나비의 실랑이

난간에 매달린 그가 다시 페인트칠을 시작하자
한 폭의 추상화는 원래의 작업복 바지로 돌아간다

그의 붓질이 빨라진다
다시 한 방울 염료가 그의 바지에 떨어진다
재빨리 지구를 적셨던 어느 여름날 오후
소낙비의 노선을 따라 흘러내린다

저 흔들리는 선은
그의 몸을 비끄러맨 밧줄이다

붉게 번져나간 흔적은 땀과 노동
딱딱하게 엉겨붙은 저 물감은
외벽을 칠하는 데 걸린 공기이다

개미와 장미, 소낙비가 이의를 제기한다
땀과 노동이 반박한다

공사장에는
밧줄에 매달린 사나이가 있을 뿐
추상이란 없다

---

* 화가 잭슨 폴락의 표현기법

잡초들

  어디서나
  틈만 있으면

  웬 수염이 이렇게나
  면도기로 수염을 깎으며 남자가 말한다 다들 너무 말이 많아
  가슴에들 구멍이 나서 그래요 발톱에 메뉴큐어를 칠하며
  여자가 말한다

  질긴 머리카락처럼
  어느새 자라나 있는 손톱 발톱처럼

  뿌리 뽑을 수 없는 진실들
  뿌리 뽑을 수 없는 푸념들

  삶은 잡담이 아니잖아 잘라낼 수 있는 건 잘라버려야 해
  그렇담 세상은 텅 비고 말걸요 어차피 다 잘라야 할 것들이니까요

당신과 내 몸을 뚫고 올라오는
근질거리는 잡초들
사타구니와 겨드랑이 사이
근질거리는 잡담들

여전히 자라야만 하는
여전히 잘라야만 하는

노련한 들러리

기념식에 갔다
빙 둘러서서 이야기를 나누고
빙 둘러서서 사진을 찍고
열심히 들러리를 서고 왔다

자의 반, 타의 반
여기 저기
우루루 몰려다니는 들러리들

무엇을 위하여
누구를 위하여

노련한 들러리임을 자처하는 나는
사람은 사회적동물이라는 명제 아래
열렬히
타협하거나
부지런히
타락하는 중

빨강 들러리 파랑 들러리
세상에는 온갖 종류의 식이 있고
나는
주말이면 줄줄이
들러리 서러간다

식장에는
계단이 있고
들러리에 덜미가 잡힌 사람들
바쁘게 오르내리고

연단 위에는 들린 들러리가 있고
연단 아래에는 들어올리는 들러리가 있고

매직, 순간이동

'편안하고 시원하리라'
수박 속으로 들어가고 싶다 라고 생각한 순간
내 몸이 수박을 꽉 채워버렸다
푸른 수박 껍질은 나의 줄무늬 드레스 쯤 되었다

내 의식이 자리한 곳은 공교롭게도 신이
인간을 내려다보던 곳

여기서는 수박나라가 훤히 보였다
붉은 과육이 흐르고
자궁 속
구부린 태아의 등이 보였다
한 세계가 열리고

사람인가 신인가
칼자루를 잡고 있는 손이 보인다
쩍, 순식간에 수박이 반으로 쪼개졌다
북극과 남극
두 동강이 난 지구가 쟁반 위에서 흔들거린다
북극해의 시원한 바람을 타고

폴짝
나는 지구나라로 뛰어내렸다

만삭의 여자가 끙끙 수박을 안고 간다
빅뱅 직전이다
자궁 속 태아가 귀를 막고
잔뜩 엎드려 있다

철조망 엘레지

담벼락 위에 둘둘 말린
그 옛날의 철조망
잊었던 옛 친구를 만난 듯 반갑다

꽃은 보수주의자입니다
철조망은 극단주의자죠
삼팔선과 코스모스의 영상이 절묘하게 어울리는 시대를
우린 지나고 있죠
사전 통고를 하는 겁니다 사랑하기 전에
집요하게
철조망처럼 솔직담백하게 금을 긋죠
피를 말릴 수도
피를 부를 수도

보이지 않는 철조망이 더 사람을 옥죄었다 반공이니 빨갱이니 붉은 구호들이 판을 쳤다 마을 어귀에는 어김없이 맨드라미 붉었고 철조망 담장 위엔 줄장미 흐드러졌었다 깊은 밤이면 사다리를 든 꽃도둑이 나타나고 통금에 쫓겨 더욱 피가 뜨거워진 청춘

들이 바쁘게 골목을 지나갔다

  접근금지!
  가시로 무장하고서야 꽃을 피우는 가시연꽃처럼
  뾰족뾰족 유리까지 박고
  새 철조망으로 말끔하게 단장한 집
  집 주인은 무슨 사연일까
  누구와 끝내지 못한 심리전을 아직도 치르고 있는 걸까

  가난을 끌어안고
  두 겹 세 겹 저마다의 철조망을 끌어안고
  찌르면서 찔리면서
  사랑도 우정도 기합을 넣어가며
  헛 둘 헛 둘
  멸공처럼 무찌르던 그 시절!

슈퍼스타 나의 오리온

우주의 동쪽 땅
부산 시립 박물관 뜰에
수십억 광년 전에 출발한 별빛이 도착했다
사랑의 고해성사가 시작되고
일곱 번째 블라우스 단추가 열리던 순간
프리지아 꽃다발
내 가슴에 긴 부저음을 울리기 시작했다

지하철도 환승역도 없었던 시절
세상은 내게 단 하나의 직선도로였다
그가 나의 핸들을 꺾었을 때
내가 더욱 나를 틀었을 때
눈앞에서 광속으로 열리고 닫히던 시간들
나는 빛이 되어 날아갔다

오리온 / 오, 나의 오리온

오늘처럼 별빛 치렁치렁 땅바닥까지 내리는 날
지나간 시간이 다가와 잘 있니?
내게 안부를 물을 때면

깨어진 내 별자리 조각조각 은하 속으로 떠내려간다

시계바늘을 거꾸로 돌려 올림푸스 언덕, 내가
머나먼 신화 속으로 역회전하지 않는다면
설화 속의 직녀가 되어
저 건너 은하수 푸른 강가로
사랑의 베틀노래를 띄우지 않는다면

오리온
나의 오리온
너는 지나가버린 아득한 시간일 뿐
모형 별자리판에 박힌 한낱 납덩이일 뿐

오늘처럼 별빛 쏟아지는 날
하늘은 통째로 하나의 별자리
수십억 광년을 달려온 사냥꾼들이 모두 일어서
일제히 화살을 당긴다 세기의 명궁

오! 슈퍼스타 / 나의 오리온

지구는 혼자 돌지 않는다

억새꽃 스치는 산길
땅을 보며 걷는다

악수하듯 만나는 발과 길의 하모니
가랑잎 지나가고 벌레집 지나가고
자갈길 흙길 속도감 있게 넘어가면
문득 발끝에 채이는 지구
자전하는 지구의 무등이 보인다
발바닥에 힘을 가해 나는 자전하는 지구를 돕는다
목백일홍 겹동백 탱탱한 허벅지가 뒷걸음치고
비탈길 경쾌하게 강이 되어 흐른다
한 계단 두 계단 돌층계를 밟고 오르면
지구는 슈퍼퍼지형 물레방아
강을 쏟지도 마을을 쏟지도 않는다
종일 하늘을 돌린 해가 붉은 숨을 토할 즈음
지구는 잠시 황혼에 취한다
노을 쓸어낸 자리 밤의 이정표 솟아오르고
밤에도 길 떠나는 사람이 있어
밤새워 풀잎을 건너뛰는 밤벌레 있어
지구는 다시 길을 떠난다

달맞이꽃 달을 돌리고
지상의 수많은 발자국들

걸어온 길이 걸어갈 길을 돌린다
지구는 혼자 돌지 않는다

물금역 지나

원동역
나그네처럼 퍼질고 앉아
네가
아픈 내 이마를 짚어주던 곳

원동역 지나 물금역으로
강물은 흘러가는데
오는 기차를 맞이하며
가는 기차를 보내며

나는 탈 일도 없이 역사를 붙들고 앉아
배차 간격을 맞추고 있구나

미루나무
강물 위로 햇빛은 깨어지고
아지랑이 엷은 면포에 싸여
산과 들, 봄은 한몸으로 겨운데
살구꽃잎은 날리는데

떨어지는 꽃잎을 받아

잘가라
잘가라
강물이
긴
유서를 쓰는구나

제3부

사랑

꽃이 목을 매고 잎이 목을 매고 목숨 붙든 것들의 상사 상사!
사랑은 무죄 꿈도 무죄, 이 아름답고 불온한 무죄의 성역에서 성전을 치르고 싶다 십자가
못박히고 싶다 그리하여

내가
당신의
무덤이고 신전이기를
파라오이고 피라밋이기를
옥새이고 족쇄이기를
사원의 벽돌에 아로새겨진 상형문자
영원히 풀 수 없는 암호이기를
갈증이기를
사막이기를
수상한 바람
해가 지지 않는 백야이기를
모래 속에 엎드린 검은
전갈이기를

당신은
나의
구원이고 종교이기를
목숨이기를
천둥과 번개
하늘의 언명이기를
십자가를 지고 죽음에 이르는
상사이기를
시작과 끝이기를
순간이고 영원이기를

누군가가 내게로 오고 있다

　시작이 분명치 않은 나의 꼬리가 모종의 음모처럼 자라난다 때를 맞추어 내 몸에 박혀있는 불온과 반역의 재크나이프 찰칵 찰칵 칼집을 여닫는다 삶과 죽음, 연애와 결혼, 공존이 불가능한 조항들 위에 나를 던지는 것 나는 운명이란 말을 생각했다

　액자가 깨어지고 모든 소품과 배경에 금이 갔다 원하던 바였으나 쓸쓸했고 의심스러웠다 내 안의 재크나이프, 내 안의 물불, 내 속의 빛과 그림자, 나를 만든 염색체와 내 몸에 흐르는 피의 성분을 알고 싶었다

　다시 길 밖이다 극단의 꽃송이 극한으로 피어나기를 화려한 경고이기를 칼날처럼 쇠붙이처럼 첩자처럼, 철조망을 끌어안고 천천히 누군가 내게로 오고 있다

최후의 확률

출근 길
아침마다 나는 삼 세 번의 통과의례를 치른다
구두를 신다 말고 아- 내 눈, 방으로 뛰어든다
엘리베이터가 닫히려는 순간 참, 휴대폰, 열쇠
나의 주요 부품들

보통 하루에 삼 세 번
화를 내기에도 지친 나는
이제 나 스스로를 가련히 여긴다
다섯 여섯 번이면 내가 그만 살 것인가? 마음을
후하게 고쳐먹는다

하나로 시작된 것이
둘에서 삐끄러지고 삼 셋에 나는 늘 빈손이었다
셋과 넷 사이
세탁소 간판과 철둑 길 사이
어지럽게 흩어져 있는 삶의 변수들
일곱 여덟 아홉이면 내가 그만 살고 말 것인가?

오래 전에

상자 속에서 검은 공을 꺼내고 흰 공을 꺼낸 다음
푸른 공이 나올 확률은 얼마인가? 이런 이상한
문제를 푼 적이 있다 피식, 실소를 자아내던 이 물음이
결국은 모든 통로의 답인 것을

마음을 가라앉히고
최후의 상자 속으로 손을 넣는다
25구경
나를 뚫고 튀어나가는 총알일 수도
내 몸에 박힐
당신일 수도

텍스트 A

수시로 읽고 보는
내게 있어 그는 하나의 텍스트
최소한의 공시지가가 매겨져 있고
자택, 자차, 텍스트 상에서는 별 하자 없음

그가 집필하는 삶의 총론은
숭고하고 아름답기조차 해서
그가 키우는 공동체라는 나무에서는
라일락처럼 짙은 향기가 나.
다만 본질론에 입각한 여자가 있고
사랑법은 전반적으로 생략되어 있음

전화없음장미없음비둘기없음메세지없음

통신수단의 수몰지구에 사는
그의 주소는
그가 전공하는 고문자 첨부 파일
내 이름자 위에
무늬만 사랑으로 새겨져 있음

수시로 읽고 보는
그는 내게 있어 하나의 텍스트
어원을 살펴보면
과로하신 신이 인간을 집필할 때
잘못 써내려간

원문을 그대로 옮기면
아프로디테의 미스프린트

현수막

앞만 보고 있다

그러나 시선은 없다

일정한 거리를 유지하면서

일정한 높이를 고집하면서

그가 걸려있다

객관적으로 걸려있다

사람이 사람 속으로 걸어 들어와

깃발로 꽂히기까지

펄럭이기까지

그리고 빠르게 철거되기까지

거리에

허공에

아무 내용이 없는 그가

마지막 요식행위만 남은 그가

어딜 가나

바람에 펄럭이고 있다

내가 바다로 가는 이유

내 안에 여러 척의 배가 있다 정오에 떠나는 배 자정에 떠나는 배, 냇물에 띄워 보낸 종이배처럼 그들은 돌아오지 않는다 돌아오지 않는 배를 타고 나는 남극의 설원이나 아프리카의 오지를 향해 나아간다 낯선 만남, 낯선 정박을 꿈꾸며 나는 출항한다 버스를 타고 지하철을 타고 바다로 바다로

사실 내겐 배가 없다. 구명보트가 없다 나침반이 없다 나를 알아볼 수 있는 지형지물이 없다 나는 출항을 포기하고 모래사장에서 멈춘다 모래사장은 안전하다 모든 것이 모래이므로 모래사장은 위험하다 모든 것이 모래성이므로

모래사장에 찍힌 발자국은 모두가 길이다
모누가 모래이다

기억들

죽었는가 싶다가도 다시 살아나는 너는
몸속 여러해살이
구근류이다
목이 길고 반짝이는 눈물을 보이기도 하니
너는 초식성 동물이다
무리지어 떠도는 것을 보면 여지없이 집시족이다

피를 따라 흐르다가
불 꺼진 창문 앞에서
너를 만나 물고기를 접고 새를 날린다
일단정지가 먹히지 않는 너는
아무 곳이나 둥지를 틀고 내게 펑펑 자살골을 터뜨린다
멍하니 벽보판 앞에서
너를 만나 조각 그림을 맞춘다
냉장고에서 우유를 꺼내다가 우연히
큐빅 반지를 낀 너의 하얀 손과 부딪치기도 하지만
다 그렇지 뭐
오래된 영화란 게
별 사건이랄 것도 없이 그저 밋밋한 게

연결고리도 없이
아무도 없는 문 뒤에서
그가 걸어나온다 너는 죽은 줄도 모르고
안부도 없이 마주앉아
셋이 밥을 먹는다

스프링 스프링

참 잘 넘어간다
스프링 공책
실로 꿰맨 공책처럼
서로를 붙잡고 늘어지지 않는다

독립 연방의 체제
지름 일 센티미터 링을 중심축으로
낱장은 최대한 자유롭고 안전하다
홀로이면서 나란히 함께

스프링공책을 넘기며
관계의 역학을 생각한다
두 마리의 토끼에 대해
붙들린 과거와 불확실한 내일에 대해
단념에 대해
내가 관여할 수 없는 흐르는 시간의 몫에 대해

스프링공책을 넘긴다
매끄럽게
5쪽에서 7쪽으로

그 위에 당신이
비둘기를 날리든 흰 구름을 박든
묘비명을 새기든

두 마리의 토끼 두 마리의 토끼
마음을 정돈하려고
글을 옮겨 적고 있다
두 마리의 사자 두 마리의 기린

필사의 형식을 빌어
필사적으로

그들의 마음을 모르는 바는 아니지만

비밀문서를 넣은 상자나
장기수가 눈감고 앉은 철창의 문에나
철커덕 하고 걸리던 것이

옥새인지
족쇄인지

나는 2000번 쓸쓸했고
너는 백년을 백번 곱하여 고독했다면

수백 통의 연서를 날리고
수만 번의 휘파람을 불며
오백마일 사백마일 이백마일, 멀고 쓸쓸한 길을 돌아

누구의 시나리오인지
누구의 해법인지

푸른 바다와 바닷새가 꿈처럼 노니는 공중에
롯데광복점 11층 공중정원에

사랑이여 화양연화여
그대들
무책임한 이벤트여

도둑은 아무도 모르는 사이
열쇠 수리공은 눈 깜짝할 사이 자물통을 열어버리고 마는 것을

청춘의 주최측은
다정다정 축제의 거리로 몰려가 버리고
남겨진 쇳덩이들
찬 겨울바람 철통같은 고독을 맛보겠다

주인공은 달랐지만 대사는 늘 같았지
눈감아봐 눈떠봐
눈 떠보니

철커덕
내 안에서 잠기는 쇳소리

저수지에서 안경도수를 낮추다

노을이 물감통을 들고 잠적한 뒤
두어 차례 4B
굵은 연필심이 지나갑니다
물안개 사이로 파고드는
달빛,
세상은 달빛시력으로 은은합니다

바람이 부는 날
나는 난시 증세로 흔들립니다
갈대 늪을 헤쳐 나온 뒤 가슴둔치에
갈대밭 문신이 새겨지고 나서입니다
몸과 마음이 심하게 굴절하면서
나는 물안경을 꼈습니다
눈물로 빚은 그러니까
물빛시력
세상은 물 속에 잠겨 부초처럼 일렁거렸습니다
안경도수를 내리고
스쳐갔던 꽃빛
그냥 거기 묻어두기로 하였습니다
色卽空 色卽空

나는 반야시력을 읊었습니다
해를 보며 걷다 가슴 명치에
지뢰를 묻고 나서입니다

물빛만큼 달빛만큼
나는 아주 조금만 안경을 씁니다
반걸음 반의 반걸음
멀어져갑니다

약간의 지연방송

스위치를 내리고
나는 안으로 들어왔다
내가 나를 임신한 듯 여기가 어디일까?

창문 너머로 보이는
바깥이라는 커다란 덩어리
진열장 속 케이크 같아
나이 수만큼 꽂힌 가로수와 가로등
전봇대에 걸린 분홍구름의 꽃장식

나는 약간의 외계인 / 약간의 비행접시

버스에서 내려 그를 마중가는 길
평행이동 하는
건물과 자동차들
지하도 계단을 내려갈 때

나는 약간의 회오리 바람 / 약간의 유체이탈

컴컴한 머릿속

웅크리고 앉은 물음표 위로 반짝,
30촉 백열등이 켜질 것도 같은데

나는 약간의 수면제 / 약간의 졸음 / 약간의 무지
몽매

서로의 거리가 너무 좁혀졌거나
모르는 사이
서로를 통과해 버렸거나

레일을 따라
기차가 들어오길 기다리면서
나는 약간의 플랫폼
약간의 나무의자

당신의 공주님은

비오는 날이 좋아 낭만공주님
목욕을 즐기는 인어공주님
백만 송이 흰 장미로 수놓아진 드레스를 입고
낡은 사진 속에서 웃고 있네

가던 길 막혀
자주 흐려지던 먹구름 공주님
지뢰밭이면 어때
지옥이면 어때 사다리를 타고 올랐네
아무도 가지 않는 달의 뒷면으로 줄타기를 했네

산산조각이 나서 산산조각이 나 버려서
그만 녹아버리려는 얼음공주님

왼쪽이 사라져버렸어 내가 아니잖아
앞치마만 너풀대잖아
맥주에 소주를 황금비율로 타서 마시고는 금새
말랑말랑한 폭탄공주님으로 변해버리네

산산조각이 나서 산산조각이 나 버려서

마늘을 까고 두통약을 먹고 마늘을 까고 소화제를 먹고

수요일은 분리수거의 날
의지가지가 떨어져나가고 허리가 떨어져나가네
어떡해 어떡해 당신을 줍다말고
무릎을 접지르다 말고
어디로 가셨나 알약공주님

쐐기나무 마른가지 속에, 길가 돌멩이 속에
당신의 **뼈**마디 공주님
우두커니, 앉아 계시네

가을 왕조

한나절이나 지났을까
왕조 일가가 단풍놀이에 나섰다

산중턱 위 구부정한 해님이 읍揖하며
산과 들에 살과 즙 산채로 대령이요
큰 소리로 고告한다

사방을 둘러보신 대비마마
열 두 왕손을 무릎에 앉힌 듯 너럭바위 미소를 지으신다
수청을 들라-앗!
대전마마 단풍을 호령하시고
질투에 몸이 달은 후궁 조씨 숙의 안씨 귀인 정씨
몸종 삼월이 구월이 시월이
오색당의를 불태우며 산을 오른다

아는지 모르는지
구중궁궐 중전 한씨
서책을 덮고 후원을 거니신다
낙엽 지는 소리에 돌아보신다

대전 뒤뜰에는
팔월 그믐 하룻밤 성은이 몸져눕고
빈 가지마다 목매단 무수리들 우수수 떨어지고

제4부

방파제

나의 시작은

출정이며 도전이었으며

바다를 향한 대서사의 서막이었다

짙은 안개와 거센 파도를 헤치며

4막 5장

대단원을 향해 치닫고자 했다

그러나 나는

뚝, 끊어졌다

예상 밖의 요절이었다

극적인 반전이었다

공공장소에서 벌어진 공공연한 행위였다

관객모독이었다

단 오 분짜리

단막극이었다

부인할 수 없는

막다른 현실이었다

터널

   터널을 들어서는 순간 나는 압류된다 나의 오른쪽과 왼쪽이 없어지고 악착같이 따라붙는 나의 등 뒤 검은 셔터가 내려진다 고정된 눈동자가 화살로 꽂히는 지점, 조여드는 터널이 나를 밀어붙인다 네 개의 방향이 탈주를 시도하는 지점, 반달 모양의 출구가 나타나고 라이트를 끄시오! 나는 매번 끄는 것을 잊는다 누군가가 손짓으로 시늉을 한다 라이트를 끄시오!

   내 속에 나를 결박하는 말이 있다 웅크리고 있는 늪이 있다 흐르지 못한 피가 터널을 파고 있다 반달 모양의 출구가 사이렌을 울리며 달려온다 라이트를 끄시오! 당신을 끄시오!

행성 '하이힐'에 오르다

나는
통굽의 마을을 선호했다
나지막하고 평평한 통굽의 정착촌

굽 높이 9센티, 색깔 빨강
이 행성의 중심축은 새끼손가락만한 크기의 뒷굽
훌쩍 키가 들리는가 싶더니
정수리에 하늘의 기척이 느껴졌다
수십 년만의 지각 변동
가슴을 내민 만큼 자신감이 솟고
엉덩이를 바짝 들어올린 만큼 세상이 눈 아래로 보이는
이상하고 낯선 부작용들

정착의 시대는 지나갔다
다른 별로 쓰러지고 싶은
다른 별로 쓰러지기 좋은
가장 유목민적인 구두

구두코 근처에서는

갑자기 높아진 지구중력의 쏠림현상에 대해
열개의 발가락이 바짝 긴장 중이다
보도블록 위의 착지점으로부터 걸려오는
따끈따끈한 지하의 모스 부호
모래바람이라도 불어주면 좋겠는데
활짝 피어오르는 치마를 끌어내리고도 싶은데

9할의 상체와
단 하나의 점
나는 느낌표가 되어 걸어간다
떠돌이별의 이동 궤도를 따라
조심조심, 또각 또각

비누

몽땅 형용사 덩어리죠
술술 술어로 풀어지기 전까지는
문제는 주어가 될 만한 주체가 없다는 거죠

물거품이 아니죠
날개이기도 하고 지느러미이기도 하고
미끈미끈한 파충류의 질감!

라벤다 쟈스민 로즈향이 퍼져요
얼굴을 씻고 손을 씻고
흰 도마뱀의 꼬리
우글우글 목욕탕 바닥을 기어다녀요

가장 솔직한 부위는 촉각이죠
부비기만 하면 주술처럼 풀려나오는 복화술
과거를 낱낱이 고백하죠
미래를 예언하죠

지느러미가 떨어져나가고
간과 심장이 조각나고 애간장이 녹아버리면

나머지 반도 사라지고 말죠

손바닥 위에 희생양 한 마리가
놓여 있어요

눈앞에 뻔히 보이는데도 붙잡을 수 없는
말씀의 화두
미끈미끈
손가락 사이를 빠져나가고 있어요

횡단

태양의 고도 점점 높아간다
나른하다 못해
벽 위에서
뛰어내리고 싶은 달력
쏟아지고 싶은 벽시계

너댓 개의 은행과 서너 개의 대형상점이 나의 연결고리라면
다섯 내지 여섯 개의 횡단보도가 행동반경의 전부라면
일곱 번째 가로수와 여덟 번째 전봇대를 지나
내가 집으로 돌아오지 않는다면
지구의 반대쪽으로 걸어가 버린다면

주기적으로 앓는 몸살
가까스로 내 안의 파도를 잠재우고
들썩거리는 산과 들, 대륙을 가라앉히고
리모콘을 누른다

다큐, 차마고도를 넘고 넘어

티벳에서의 칠년, 서너 개의 채널 사이를 헤매다가
오후 네 시의, 비극적인 낮잠에서 깨어날 때
거울 속 텅 빈 얼굴 저 너머
내가
단숨에 보고 만 것

여덟 번째 전봇대를 지나 집으로 돌아가는 길
가시거리 안
횡단보도는 짧다
가시거리 밖,
횡단보도는 길고도 아득하다
초록색 점멸판이 하나씩 꺼지기 시작한다

비전문가

'전문가 환영'
전문가가 되면 먹고 살 수 있다는 것은 이 시대의 명제,
그리하여 그들의 결속이 시작되었다

재벌 2세 끼리의 결혼 소식이 떴다 너무 전문적으로 잘 살 것 같다 그러나 이건 나와 다른 행성의 이야기니 별 볼일 없다. 검사 부부보다는 변호사 부부가 착할 것 같고, 우리 동네에는 부부치과가 있다. 이를 너무 잘 뺄 것 같아 그 앞을 지나가기만 해도 입 안이 욱신거린다. 들으면 누구나 알만한 남자 시인과 여자 시인이 결혼했다 시를 너무 전문적으로 잘 써가지고 우리는, 아니 나는, 죽었다

내리는 비를 본다. 눈을 감고도 보고 뜨고도 본다 서서도 보고 누워서도 본다 빗줄기의 착지점에 혀끝을 내밀어 씁쓸한 구름의 맛을 보고 손바닥으로 빗방울의 탄력을 느껴도 본다. 시멘트 바닥에 몸을 부딪는 비, 머리가 깨어지는 비, 은빛거미줄에 목매다는 비, 유리창에 칼금을 긋는 비, 여러 각도로 본다

나는 역시나 비전문가, 모름지기 먹고 사는 것이 문제다

흐르는 몸

사선과 곡선

풀어지고

내 몸을 옭아매던

몸 속 녹말과 염분 녹아내리네

냉탕에 들어 눈감고 반가사유에 들면

콧날쯤에 걸리는 수평선

열사우나에 들어 유아독존, 야자나무 아래 정좌하면

가물가물 지평선

낙타와 대상이 걸어가는 모래구릉을 지나

오로라오아시스 오로라오아시스

오장육부의 트레몰로를 지나

주렁주렁 포도당주머니 몸 밖으로 다 흘려보내고 나면

태평양 대서양 그 많은 평지풍파가

다 가라앉네

둥근 탕에 둥근 몸으로 앉은 여인들

긴 머리를 감아내리는 처녀들

다라니경을 읊조리고 있네

맨몸의 성 다라니경을 새기고 있네

소설과 비

 소설을 읽고 있는데 빗소리 들려옵니다 눈은 소설에 가 있는데 귀는 빗소리에 가 있습니다 탁자 위에는 인쇄된 활자가 가로쓰기를 하고 있고, 창 밖 허공에는 가지런한 빗줄기가 세로쓰기를 하고 있습니다.

　소설과 비
　　비와 소설

 젊은 소설 2009를 읽고 있습니다 68쪽, 따뜻하게 감싸는 욕조 혹은 관* 굵게 씌어진 글머리를 따라가는데 귀가 귀를 뺍니다 옥상에 내리는 비, 나무 계단에 내리는 비, 고추 모종에 내리는 비, 책을 밀치고 밖을 내다봅니다 빗줄기는 보이지 않고 안개만 자욱합니다

　　날씨와 소설
　비와 탁자

 주제 선율이 배경음악으로 잦아듭니다 어디까지 흘러왔을까요 나는 모래톱에 앉아 탁자 위 비오는

날의 소품들과 이야기를 나누고 있습니다 한 모금의 쓴 커피, 혀의 모스 부호를 추적하며 코끼리의 잔등을 긁는 소설, 두더지의 뒷발을 숨긴 비, 고슴도치의 가시를 지닌, 하마의 몸통을 깔고 뭉개는 소설과 비, 비와 소설

　　비는 계속될 전망입니다 나는 소설책을 끌어당깁니다 76쪽,
　　소녀는 기꺼이 죽음을 작심하였으니*

---

*김희진의 소설 욕조, 명지현의 소설 이로니 이다시에서

가계도
– 아이러니를 중심으로

늘 들락거렸는데 왠지 낯설다 국어사전에서 '아이러니'를 찾는다 아이러니-참다운 인식에 도달하기 위해 소크라테스와 그 제자들 간에 나눈 문답법에서 비롯된 말. 풍자, 반어, 비꼼, 모순, 부조화를 의미함. 소크라테스와 그 제자들이 아이러니의 조상이다 언어의 벽돌을 차곡차곡 쌓아 올려 만든 말의 사원 1504페이지, 아이러니의 바로 위층에 아이라인이 살고 아래층엔 아이론이 산다 연이어 아이리스와 아이보리, 엉뚱한 부족의 동거. 아브라함이 이삭을 낳고 이삭은 야곱을 낳고 야곱은 유다와 그의 형제를 낳은 것처럼 아이라인이 아이러니를 낳고 아이러니는 아이론을 낳고 아이론은 아이리스와 아이보리를 낳고, 그렇다면 아인슈타인 박사는 아이러니의 몇 대 손 쯤 될까 지난 겨울 펑펑 쏟아진 '함박눈'의 아래층과 위층엔 지금 누가 머물고 있을까 '시냇물'은 누구를 낳았을까 인칭대명사 '누구'는 또 누구누구를 낳아 큰소리로 호명하고 있을까

日常, G선의 아리아

석가와 예수를 넘기고
달력을 넘기고
요즘은 나와 내 가족을 넘기는 당신께

눈을 감고
오체투지의 몸을 바치려 해요

어제의 일기예보를 읽고
내일의 빵과 밥을 삼키며
당신은 유구한 강물처럼 흘러가죠
줄기차게 이어지는 다산을 누구도 막을 수는 없죠

버려진 빈병처럼 참 시큰둥한 날들이에요
꽃잎마저 빨간 우체통처럼 그만 지루해지고 말죠
나는 편두통을 앓고
눈이 붓도록 창밖을 내다보고

다시 또 밤이 되었어요
누군가의 이름 위에 왼손과 오른손을 포개는
근친상간의 밤이 깊어가고 있어요

눈두덩 위에는 부드러운 모래가 쌓이고요

눈을 뜨고 기도하는 사람은 없죠
당신께 바쳐지는

잠은
기도의 한 형식

밤마다 나는 한 마리
통째로
산 제물이에요

애연, 담배연기를 위한

원래 여자와 불은
장난을 치는 게 아니랬지
남자가 라이터를 켠다
남자의 입술에서 파란 불꽃이 피기 시작한다
격렬하면서도 적막한
무료하면서도 쓸쓸한
남자의 입속에서
남자가 내뿜는 담배연기 속에서
움츠리고 있던 그녀의 육체가 쏟아져 나온다 되살아나는
그녀의 선,
그녀의 굴곡,
그녀의 협곡,
감았던 눈을 뜨고 지그시
마초의 시선이 따라간다
허공이 그려내는
그녀의
sixnine sexline
운명을 거부하는 것들은 가끔 이변을 일으키기도 하지

깊숙이 그녀를 빨아들인다
아래로 아래로
허리가 타내려가는 여자
점점 다급해지는 여자
짧아지는 여자
결국은
검은 음부로 남는 여자

철학 강사, P氏의 적들

 철학적, 현실적, 사회적, 이성적, 정신적, 육체적, 본능적, 이율배반적---

 적이 많구나
 세 놈은 특히 나와 가깝구나 나머지 놈들도 조금씩은 걸리는구나 어울리기 힘든 놈들이 한 집에 살다보니 편할 날이 없구나 변명이 많구나

 도식적 도덕적 악마적 세기적 사랑이라
 헌신적 이기적 세속적 무의식적 인간이라

 결국은 사람이고 사랑이구나 운명이구나
 적과 손잡고, 적을 만들고, 적의 적이 되고

인간을 파헤치다가
연구실 의자를 밀고 당기며 적을 파헤치다가
k는 발탁되고 s는 쓰러지고
깊은 밤, 도서관병동만이 불야성이구나

쌓이고 쌓이는구나

소심한 막막한 울적한 과민한 한심한 처절한---
피와 살이 굳는
　내 안의

　쓸쓸한 적들이구나

世紀에 관한, 즉문즉답

공부를 꽤 오래 했으니
17세기 하면
중엽
바로 튀어나온다
뒤따라 나오는 절대왕정, 이건 좀 자신이 없네

15세기 하면
르네상스라는 큰 창고
기원전의 서랍 속엔 우리가 잘 아는 얼굴들 소크라테스
플라톤, 관우, 장비

우리 동네보다 이웃 동네
19세기 아저씨가 내겐 더 가깝게 느껴지는 것은 왜일까
19세기 초
19세기 말에는 무슨 일이 있었는지

나는 무얼 했는지
네 개의 귀퉁이가 왜 너덜너덜하게

찌그러졌는지

서랍은 서랍을 열고 닫고 부어버리고
열고 닫고 부셔버리고

물론 책을 펴보면 다 알겠지만
이제와 일기장을 뒤져 무얼 하겠는가

총정리하면 이 정도
지우개만 꽉 찬 서랍

21세기는 너의 세기, 感이 없고
그저 멍멍하고
나는 이미 자취가 없는 듯하고

□ 해설

자신과 타인을 치유하는 시,
아트(Art)이자 테크네(Techne)

김백겸(시인)

비단 끈

 필자는 첫 독자의 자격으로 새 시집 원고를 읽는다. 필자는 무크 『화요문학』(2006)에 일면식도 없는 김영미 시인의 시 「비단 끈」을 리뷰한 적이 있다. 오랫동안 시를 접었다가 다시 시를 쓰면서 '삶/꿈'의 주제를 열심히 생각해 보던 때였는데 김영미 시인이 『애지』(2006년 봄호)에 발표한 「비단 끈」이 눈에 들어왔다. 그 후 김영미 시인이 발표하는 작품들을 눈여겨 보았고 내가 관계하는 잡지의 필자로 청탁을 하기도 했는데 이 인연으로 해설까지 쓰게 되었다.

 삶보다는 죽음
 죽음보다는 자살이란 말이

더 솔깃한 내게
누군가 비단끈이 없어 못 죽는다고 했다

나일론끈이면 어때서요 그냥 살고 싶다 그러지요
비아냥거리면서
비아냥거리면서
나는 그만 비단끈의 마력에 걸려들었다

우선 지도를 펼치고
머나먼 사마르칸트를 향해 길을 떠난다
구도의 길이었건
교역의 길이었건
목숨을 걸었던 꿈이면서 끈이었던
실크로드를 따라간다 터벅터벅 다리를 끌며 절며

비단길 비단천 비단꿈 비단끈

한 곡의 노래
한 줄의 싯구
때론 한 줄기 햇빛과 바람으로
삶과 죽음이 손바닥처럼 명쾌해질 때
순간, 내 눈앞에서 목을 조르고 달아나던
붉고 푸른 비단끈들

거울을 당긴다
그 속에 내가 걸어온 길이 보인다
붉은 올가미
그가 점찍어 놓았다는 소나무도 보인다
꿈틀거리는 목줄기를 어루만지며

비단길 비단천 비단꿈 비단끈

내가 목매달았던 나무들

강가에 걸린 한 그루 미루나무였을지도
그저 한 그루 신기루였을지도

티브이에서는 두 연인이 사랑을 속삭이고 있다
죽도록 사랑해요
서로의 팔을 목에다 두르고
바싹, 비단끈을 조으고 있다
- 시 「비단 끈」 전문

 옛날 원고를 뒤적여 그 당시의 리뷰를 찾아보니 나는 다음과 같이 적고 있다

 욕망이 가 닿은 시선이 "비단끈"이라. 생은 화려한 풍경을 좋아하지. 시 속의 "비단길 비단천 비단꿈 비단끈"처럼. 애착을 가져야 살 수 있는 게 인생이지. "삶과 죽음이 손바닥처럼 명쾌해질 때" "비단끈"은 'A'이면서 'A'가 아닌 세계의 알레고리의 연결고리가 되어 사바세계가 곧 열반세계임을 암시하는구나. 요새 도통한 여자들이 시인이 되나보다. 증산도甑山道가 후천 개벽한국에 도통한 여자들이 삼천명이나 출세한다고 하더니 그 중 몇몇이 시인으로 태어났나 보다. 도통한 시인들의 시는 선시禪詩처럼 무맛이기 일쑤인데 이 시는 욕망의 풍경으로 맛을 솜씨 좋게 내면서 저 쪽의 풍도 아름답게 그려냈으니 재미있는 시이다. (『화요문학』(2006, 58쪽)

요즘 같으면 좀 더 세련되게 썼겠지만 시를 절필하던 10년간 처다보던 책들이 비의秘義와 도장道藏에 관한 책들이라 리뷰는 '증산도'까지 여과 없이 인용하고 있다. '비단끈'을 라깡이 말하는 '오브제 쁘디 a'의 대상이면서 시인의 욕망이자 '죽음'의 욕망으로 읽고 내가 해석의 재미를 느꼈다고 생각된다.

애착은 삶의 여의주이면서 동시에 병고病苦이다. 불가에서는 '깨달음'을 방해하는 '마라'이며 탐진치 삼독貪瞋癡 三毒의 제1 원인으로 본다. 그러나 이런 입장은 공관空觀을 중시하는 극동지역 불가의 해석일 뿐 현실의 입장에서는 거꾸로 해석해야 한다. 삶에서는 애착이 없으면 도리어 문제가 된다. 존 볼비는 유아가 부모나 주변 환경과의 애착장애가 있을 경우 성인이 된 후 애착의 이차 대체물로 술 마약 섹스 등에 의존하는 현상을 초래한다고 보았다. 포유동물은 정서의 교감으로 서로의 몸과 정신을 변화시킨다. 다시 말하면 인간은 혼자 살 수 없으며 건강한 애착이 중요하다는 얘기다.

이 시는 "삶보다는 죽음/죽음보다는 자살이란 말이/더 솔깃한 내게/누군가 비단끈이 없어 못 죽는다고 했다"는 도입부로 시작한다. 화자는 삶의 애착대상을 은유하는 '비단끈'의 사치와 허영을 조소한다. 그러나 시의 화자는 '비단'이 실크로드를 건너가게 하는 삶의 환상이며 욕망의 추동물 임을 깨닫고 '비단'의 기표에 매료된다. 삶을 욕망하게 하는 훼티시(fetish)로서의 비단. 이 기표가 삶의 '대타자'이며 주체가 발화하는 위치이며 동시에 꿈과 "신기루"이기도 하다. 죽음과 삶을 양변兩邊으로 하는 삼각형이 있고 시를 쓰는 화자는 시의 다른 변에서 상상의 시선으로 이들을 바라본다. 화자를 포함하는 삼중시선이 관조이자 일종의 깨달음인 마지막 행을 낳았다. "티브이에서는 두 연인이 사랑을 속삭이고 있다/죽도록 사랑해요/서로의 팔을 목에다 두르고/바싹, 비단끈을 조으고 있다".

사랑의 세世와 계界

꽃이 목을 매고 잎이 목을 매고 목숨 붙든 것들의 상사 상사!
사랑은 무죄 꿈도 무죄, 이 아름답고 불온한 무죄의 성역에서 성전을 치르고 싶다 십자가
못박히고 싶다 그리하여

내가
당신의
무덤이고 신전이기를
파라오이고 피라밋이기를
옥새이고 족쇄이기를
사원의 벽돌에 아로새겨진 상형문자
영원히 풀 수 없는 암호이기를

갈증이기를
사막이기를
수상한 바람
해가 지지 않는 백야이기를
모래 속에 엎드린 검은
전갈이기를

당신은
나의
구원이고 종교이기를
목숨이기를
천둥과 번개
하늘의 언명이기를
십자가를 지고 죽음에 이르는
상사이기를
시작과 끝이기를
순간이고 영원이기를

― 시 「사랑」 전문

  개인마다 농도와 심천이 다르겠지만 사랑이란 참 복잡한 물건이다. 인간이 '사랑의 신비'라고 말하는 '관계의 먼 길'을 선택하는 이유는 무엇일까. 왜 동물처럼 인간은 에로스의 에너지를 전부 생식에 쓰지 않는 것일까. 결혼해서 아이를 낳고 종으로서의 의무와 완성을 마쳤는데도 왜 다시 사랑에 목말라 할까.
  정신분석학자들에 따르면 사랑의 에너지는 에로스이지만 수면하의 심리는 나르시스라고 한다. 연인을 사랑하는 '나'는 연인의 모습에 투영된 '나' 자신의 아름다움을 욕망한다. '나'는 연인과 합일욕망을 갖지만 실체는 거울에 바친 '나'이기에 불가능하다. 좌절은 사랑에 대한 도착과 신경증을 불러오는데 모두 나르시스의 변주와 환상이다.

김영미시인은 시의 1연에서 다음과 같이 호소한다. "사랑은 무죄 꿈도 무죄, 이 아름답고 불온한 무죄의 성역에서 성전을 치르고 싶다". 2연과 3연은 시적 화자의 위치만 바꾸어서 사랑의 다른 크기를 은유하고 있다. '파라오'와 '피라밋'과 '천둥'과 '번개'의 기표들은 모두 사랑이라는 욕망의 다른 이름이다. '기표'가 다의적 '기의'를 미끄러지는 것이 아니라 역으로 사랑이라는 실체 위로 '기표'가 미끄러지고 있다. 시인의 정열이 설정한 이 상황은 어떤 기표로도 사랑의 실체를 온전히 드러낼 수 없음을 말한다.

사랑의 이런 힘에 대해 옥타비아 빠스는 '사랑은 지구상에서 축복받은 자가 가질 수 있는 아름다움에 가장 근접해 있는 어떤 무엇'이라고 말한다. '시와 노래와 전설'은 이런 불가능한 욕망에 대한 자아의 표현이 아닐까.

정신분석학과 진화심리학과 뇌과학 등을 동원해서 사랑의 패턴을 그려볼 수 있는 21세기에도 사랑을 과학적 매뉴얼과 처방으로 해결하기란 쉽지 않다. 사랑의 신비를 가장 많이 간직하고 있는 정보는 인간의 삶이다. 그 중에서도 예술이 사랑의 신비를 직접적으로 드러낸다. '사랑이 시적 본질과 제일 잘 어울린다'는 미학가들의 말이 옳다면 사랑은 예술작품을 창작하는 심리적 에너지이기도 하다.

김영미 시인이 드러내고자 하는 사랑의 실체도 이와 다르지 않다. 예술가마다 사랑의 표현 방법이 다른 것은 예술가마다 '사랑'의 문제를 제기하는 방법이 다르기 때문이다, 김영미 시인이 파악한 사랑이란 어떤 것일까. "꽃이 목을 매고 잎이 목을 매고 목숨 붙든 것들의 상사 상사!"로 시작하는 도입부와 "십자가를 지고 죽음에 이르는/상사이기를/시작과 끝이기를/순간이고 영원이기를"의 결어로 끝나는 형식이다. 지적인 형식을 좋아하는 현대시의 입장에서는 김영미 시인의 낭만적인 견해를 지지하지 않을지도 모르겠다.

연구가들에 의하면 낭만적인 사랑이 인간의 마음에 진화한 이유가 있다. 개체는 한 대상에게 집중함으로써 짝짓기에 투입되는 시간과 에너지를 아낄 수 있다. 한 대상에의 애착은 결과물인 자식을 성공적으로 같이 양육할 수 있는 확률을 높인다. 낭만적인 사랑에는 인간뇌의 구조와 화학작용이 깊이 작용한다. 생물학적인 견해를 지나 심층심리학까지 내려가면 더 복잡해지는데 신화와 전설은 세세년년 윤회하며 진정한 짝을 찾아야 하는 인간의 심리적 원형을 그대로 드러내기도 한다. 이런 주제를 타고르는 다음과 같이 시로 말한바 있다. "난 그대를 무수히 많은 형태로 사랑한 것 같노라/셀 수도 없이 많이/ 한 생 다음의 생에도, 그 다음 생에서도 영원히…/오늘 그 사랑이 당신의 발아래 쌓여있네, 그 사랑은 목적지를 발견했네, 당신에게서./인간의 사랑은 모두 과거이고 영원이네."

시간과 공간을 넘어서는 사랑의 느낌을 말한 시인데 김영미 시인의 위 시 「사랑」도 이와 주제를 같이 한다. 인간이 시간으로 경험한 크기가 '세世'이고 공간으로 경험한 크기가 '계界'라고 볼 때 사람마다 경험한 '세계世界'의 크기는 다르다. 개인들이 경험하는 사랑의 '세계世界'도 마찬가지다. 사랑을 세계의 '시작과 끝'과 '순간과 영원'까지 확장하려는 김영미 시인의 정열이 위 시편을 낳았다고 생각한다.

별을 지나 당신은 어디에서 왔습니까

최면 의자에 앉는다
백 년 전 당신은 무엇이었습니까
다시 거슬러 올라갑니다 당신은 무엇이었습니까

최근에 나는 이 세상에 사람이 되어 왔다

밝혀지지 않은 어떤 프로그램에 의해
테마가 있는 여행을 하고 있는 중이다
나의 취미는
원조 찾기이다

미래의 꿈은
기록 이전의 시대를 거슬러 올라
나무와 풀, 풀과 바람, 최초의 구름이 자리 잡기 전
나의 맨 처음으로 돌아가는 것이다

최면술이 아니더라도
나의 과거는 밝혀져 있다
우리는 모두 별에서 왔다

별!
제 온기 하나만으로도 한없이 빛나는
그러나 미심쩍다
아무래도 내가 반짝이는 고유명사의 幻에
안주하려 드는 것 같다

다시 최면 의자에 앉는다
별을 지나
당신은 어디에서 왔습니까

色이기 전에
空이기 전에
당신은 무엇이었습니까

― 시 「별을 지나서」전문

  최면이 시의 소재로 등장하니 흥미롭다. 최면이 심층무의식의 시간에서 전생을 기억한다고 하는 가설과 이론들이 있기에 더욱 그렇다. 최면은 치료자가 말이나 동작신호로 몰입경을 유도하는데 명상 기도 참선 등을 통한 몰입상태와 비슷한 상태라고 한다. 단 전자는 타인의 암시에 의해 후자는 자기암시에 의해 현실의 각성상태와 다른 상태에 들어간다. 최면요법은 과거에도 쓰였으나 프로이드와 융이 처음에 이 기법으로 무의식을 연구하면서 과학의 범주로 들어오고 널리 알려졌다.

김영미 시인은 자기암시의 최면내용을 시로 적고 있다. 김 시인은 시에서 "밝혀지지 않은 어떤 프로그램에 의해 /테마가 있는 여행을 하고 있는 중이다."라고 말한다. 윤회와 전생의 가능성을 인정한 표현인데 이 생각은 근대과학의 유물론이 등장하기 전 문명사회 약 만년동안 인간의 마음을 지배해온 생각이다.

인간은 누구나 자신과 세계의 근원을 알고자 한다. 이 분야에는 철학과 종교와 예술이 있다. 최근에는 과학이 새롭게 등장해서 인간의 의문에 다양한 해석을 내놓고 있다. 과학이란 사건을 정량화해서 대입할 수 있고 계속 같은 결과가 나와야 '참'으로 인정하므로 측정할 수 없는 대상은 과학에서 제외시킨다.

하이젠베르그는 양자역학을 연구하다 아원자亞原子 입자운동이 관찰자의 참여에 의해 달라짐을 밝혀냈

다. 자연의 객관적인 진실이 다시 인간의 문제로 환원되면서 과학모델의 '참'이 의심스러워졌다. 필자의 생각에 과학의 인과율은 아직 불가의 연기緣起와 유식론唯識論이 말하는 다차원의 인과론을 포괄하지 못한다. 인간의 인식이 가능한 범주의 사건만 뉴턴역학이나 상대성이론의 모델로 인과율을 적용하는 수준이다. 우주지성이나 심혼의 문제 등은 현대과학의 측정범위 밖에 있다.

이 시에서 김영미 시인은 시인의 직관으로 화자의 기원이 별이라고 믿는다. 현대천문학은 우주모델을 빅뱅으로 설명한다. 태초의 특이점으로부터 시공과 에너지가 폭발하면서 지금의 자연세계가 만들어졌다는 것이다. 이 가정이 옳다면 아직도 광속으로 팽창하는 은하들과 시공간, 물질에너지와 정보에너지는 모두 태초의 재료와 같다는 뜻이다. 이는 '만물에는 제1원인이 내재해있다'는 신플라톤주의학파인 플로티노스의 직관을 뒷받침한다. 지구는 태양계의 성간물질로 태양은 은하계의 에너지로 만들어졌으니 지구의 생명과 물질은 모두 별에서 기원을 찾아야 한다.

이런 사유를 배경으로 한 김영미 시인의 원망願望은 이 시에서 다음 구절로 드러난다. "미래의 꿈은 / 기록 이전의 시대를 거슬러 올라/나무와 풀, 풀과 바람, 최초의 구름이 자리 잡기 전/나의 맨 처음으로 돌아가는 것이다." 김영미 시인은 문명의 선사, 유전자의 역사, 물질의 역사, 별의 역사를 모두 지나 자신의 근원을 알고자 한다. 그러면 시인의 근원이 빅뱅 이전에는 무엇이었을까. 현대과학은 답이 없다.

김영미 시인은 다시 시인의 상상으로 묻는다. "별을 지나/당신은 어디에서 왔습니까//色이기 전에 /空이기 전에 /당신은 무엇이었습니까". 불가에서는 '부모미생전본래면목父母未生前本來面目'이라는 상징의 답을 드러낸다. 내 생각에 이 기표의 기의는 시공간과 인간의 인식범주를 벗어나 있는 너무나 큰 문제여서 언표할 수 있는 문제가 아니다. 조사들은 '한 생각'의 회광반조回光返照로 '본래면목本來面目'의 돈오頓悟를 주장하지만 검증이 어렵다. 그들의 체험이 과학을 초월해 있기에.

별자리 '오리온'의 알레고리

우주의 동쪽 땅
부산 시립 박물관 뜰에
수십억 광년 전에 출발한 별빛이 도착했다
사랑의 고해성사가 시작되고
일곱 번째 블라우스 단추가 열리던 순간
프리지아 꽃다발
내 가슴에 긴 부저음을 울리기 시작했다

지하철도 환승역도 없었던 시절
세상은 내게 단 하나의 직선도로였다
그가 나의 핸들을 꺾었을 때
내가 더욱 나를 틀었을 때
눈앞에서 광속으로 열리고 닫히던 시간들
나는 빛이 되어 날아갔다

오리온 / 오, 나의 오리온

오늘처럼 별빛 치렁치렁 땅바닥까지 내리는 날
지나간 시간이 다가와 잘 있니?
내게 안부를 물을 때면
깨어진 내 별자리 조각조각 은하 속으로 떠내려간다

시계바늘을 거꾸로 돌려 올림푸스 언덕, 내가
머나먼 신화 속으로 역회전하지 않는다면
설화 속의 직녀가 되어
저 건너 은하수 푸른 강가로
사랑의 베틀노래를 띄우지 않는다면

오리온
나의 오리온
너는 지나가버린 아득한 시간일 뿐
모형 별자리판에 박힌 한낱 납덩이일 뿐

오늘처럼 별빛 쏟아지는 날
하늘은 통째로 하나의 별자리
수십억 광년을 달려온 사냥꾼들이 모두 일어서
일제히 화살을 당긴다 세기의 명궁

오! 슈퍼스타 / 나의 오리온
　　　　　　　　－ 시 「슈퍼스타 나의 오리온」전문

별자리 오리온 좌는 김영미 시인에게 어떤 의미를 가지는 자리일까. 그리스 신화에서는 사냥꾼 오리온이 달의 여신 아르테미스를 사랑한 대가로 아폴론의 계략에 의해 연인의 화살에 죽은 이야기를 남기고 있다. 제우스는 아르테미스의 간청으로 언제나 볼 수 있도록 오리온을 하늘의 별자리로 만들어주었다는 전설이다. 오리온은 겨울철 남쪽 하늘에 보이는 별자리로 적색 1등성 베텔게우스와 백색1등성 리겔, 오리온 띠 모양의 세 개의 2등성으로 이루어졌다. 세별 중 하나는 산광성운인 오리온자리 대성운 M42이다. 허블망원경으로 본 이 성운의 붉은 빛 사진은 매우 아름답다.

김영미 시인은 오리온자리의 신화에 자신의 사랑을 투사해서 이 시를 만들었다. 서양과 동양의 고대 점성술은 지상의 일은 하늘에서 일어나는 일들의 반영이라는 믿음에 기초해 있다. 인간은 소우주이고 대우주의 에너지와 운동의 영향을 받는다는 생각이다. 동양의 음양오행도 자연의 변화를 관찰한 선인들의 이런 생각이 반영된 이론이다. 명리학은命理學은 천문의 관점에서, 풍수는 지리의 관점에서, 한의학은 인사人事의 관점에서 바라본 이론일 뿐 모두 같은 음양오행의 기초를 공유한다. 필자가 연구를 좀 해본 입장에서 볼 때 이런 이론들의 술術로서의 효용은 한의학이 인간의 몸에 적용되는 만큼은 의미가 있다.

　시란 가능성의 세계를 드러내서 시인이 자신의 진실을 전달하고자 하는 시도이므로 그 내용의 사실 여부와 상관없이 이 시의 아름다운 구성을 들여다보자. 시속의 화자는 자신을 '아르테미스'로 이상세계의 연인을 '오리온'으로 설정한다. "부산 시립 박물관 뜰"에서 이루어진 지상에서의 현실적인 사랑도 배후에는 하늘사건의 재현이라는 주제를 담고 있다. 이런 생각은 플라톤이 『향연』에서 언급한 아리스토파네스의 인간의 사랑에 대한 기원을 상기하게 한다. '옛날에는 자웅동체의 인간이었으나 이들의 힘이 올림푸스 신들을 위협해서 제우스가 인간을 남녀로 갈라놓았다. 둘을 하나로 하는 결합이 인간의 상처받은 본성을 치료한다'는 우화이다. 알레고리이지만 남녀가 왜 때로는 죽음을 불사하면서도 에로스의 결합욕망을 추구하는지 대한 실존적인 은유이다.

　오리온이 빛을 내서 지구에 도달하고 이 빛들은 에로스의 화살이 되어 지상에 내려와 김영미 시인을 사랑에 빠지게 한다. 시간과 공간을 초월한 큰 구도의 이야기가 아름답지만 이 시에는 지상의 사랑으로는 만족하지 못하는 시인의 슬픔도 들어가 있다. 에로스의 화살은 대상과 사랑에 빠지게 하는 금촉과 대상을 증오하게 하는 납촉의 2가지로 구성되어 있다. 양과 음으로 갈라진 에너지의 순환이 있어야 세계와 인간의 순환이 일어난다. 생과 사, 사랑과 죽음 모두 이 순환의 다른 기표이지만 인간은 긴 순환의 한 순간을 선택해서 존재한다. 존재의 불완전과 결핍 때문에 인간은 음의 시간에서 양의 시간을 선망하고, 양의 공간에서 음의 공간에 있는 연인을 욕망한다.

먼지 속의 '삼천대천세계三千大天世界'

동질성에서인가? 그득 쌓인 책 위에 먼지가 그득 쌓여 있다 내용에 앞서 필연적일 수밖에 없는 제목에 대해 먼지는 며칠 또는 몇 달째 긴 묵상 중에 있다 햇빛보다는 그늘 쪽인 먼지는 컴컴한 구석을 주로 거닌다 십 년을 꿈쩍 않는 가구들의 해묵은 그림자를 걸치고 말하기보다 침묵을 좋아하는 먼지는 TV 브라운관 속이나 스피커 떨림판 속에 소복히 귀를 모으고 있다 靜的이나 급속히 動的으로 팽창하기도 하는 먼지는 이리 저리 떠도는 마음을 따라 무작정 헤매기도 한다 이율배반적이기도 한 먼지는 장식장을 붙들고 있으면서도 장식이기를 거부하고 자유롭기 위해 무한궤도를 꿈꾸면서도 돌아가는 선풍기 날개를 죽어라 부여잡고 있기도 한다 그 먼지는

우주에서 보면 모든 것이 다 티끌인데
꽃도 별도 사람도 다 티끌인데

독자적이고자 하는 그 먼지는 보다 깊고 보다 높은 곳에 저만의 공간을 마련하고 마침내 없음에 이르고자

한다 그러면서도 올이 고운 보송보송한 옷과 향기로운 화장품 뚜껑에 한없이 집착하는 그 먼지는 한 칸짜리 집과 한 평짜리 사무실을 꽉 붙들고 한 발짝도 나가지 못한다 그 먼지는
- 시「그 먼지는」전문

　김영미 시인은 자신을 먼지에 투사해서 집을 떠나지 못하는 시인의 현실을 풍자했다. 대상을 손이 닿을 수 없는 먼 곳에 있어서 대상과 하나가 되지 못하는 인간의 실존을 보는 일이 비극이라면 대상을 신의 위치에서 내려다보며 대상의 아이러니한 운명을 한눈에 보는 게 희극이다. 시「슈퍼스타 나의 오리온」이 비극형식으로 시인의 승화가 일어난 시라면 시「그 먼지는」희극형식으로 시인의 풍자가 드러난 시다.

　"우주에서 보면 모든 것이 다 티끌인데/꽃도 별도 사람도 다 티끌인데"는 깨달음의 인식으로 화자(먼지)는 "보다 깊고 보다 높은 곳에 저만의 공간을 마련하고 마침내 없음에 이르고자"한다. 이런 공空의 깨달음도 그 먼지가 붙들고 있는 "올이 고운 보송보송한 옷과 향기로운 화장품 뚜껑"의 색色의 아름다움에서 벗어나지 못한다는 자신에 대한 조소이다.

　현대인은 누구나 "한 칸짜리 집과 한 평짜리 사무실"에서 갇혀 산다. 필자는 공색空色이 하나임을 깨달아 사사무애事事无涯의 대자유를 누리고 사는 '각자覺

著'를 글에서는 보았으나 현실에서는 본적이 없다. 학인學人으로서의 중생은 자신을 '먼지'를 내려다볼 수 있는 시선만으로도 충분하다. 이 시선이 단초가 되어서 인연이 어우러진 후에 화자가 상상한 초월시간에서 '먼지' 속에 깃든 '삼천대천세계三千大天世界'의 실상實相을 보는 날이 올지도 모르니까.

승화昇華와 치유

개별 시편으로 언급하지는 않았지만 이 시집의 2부와 4부의 시편들은 김영미시인의 다른 관심이 드러난 시편들이 묶여있다. 2부는 주로 김 시인이 몸담고 있는 사회전반에 대한 관심을 모더니즘의 관점에서 들여다본 시편들이다. 자아에 대한 선동을 말한 「격문」, 자본주의 꽃인 "금괴"에 대한 무의식적 선망을 드러낸 「기념으로」, 상품선전을 위해 인공허수아비가 백화점의 노리개로 춤을 추는 풍경을 그린 「댄스 댄스」, 공사장의 인부의 도장작업을 잭슨 폴락의 표현기법과 대비한 「액션페인팅」 등이 눈에 들어온다. 정보화 및 금융자본의 문화 환경은 시인의 의식과 무의식에 당대의 문화적 압력을 삼투압처럼 행사한다. 시인도 이에 자유로울 수 없고 2부의 시편들은 이런 영향을 반영한다.

4부에는 기표들의 흐름에 의지해 언어의 재미(fun)을 추구한 시편들이 있다. 개념어를 수사하는 '적的'을 '적賊'으로 풍자한 「철학강사 P氏의 적들」, 담배연기의 몽상과 연상에서 만들어지는 여자의 누드와 에로티시즘을 그린 「애연, 담배연기를 위한」, 전문가와 비전문가의 대비를 통해 화자의 삶에 대한 페이소스를 드러낸 「비전문가」 등의 시편이 형상화가 잘 이루어져 주제를 명확하게 한 작품들이다. 언어와 대상의 해체를 의식하는 이런 시편들에서 김 시인의 예술의식이 어떻게 달라지고 있는가 하는 문제를 생각해볼 수 있다.

 시편들의 분석을 통해 김영미시인의 다른 시적관심을 독자와 공유하는 기쁨은 지면의 제약으로 다음 기회로 미룬다. 필자가 생각하기에 김영미 시인의 시적진실이 가장 잘 드러난 낭만적인 시작태도의 시편을 이번 해설에서 집중적으로 거론했다. 낭만주의는 인간의 내면에서 세계정신을 드러내려는 태도를 견지한다. 김영미 시인은 인용 시편들에서 닿을 수 없는 대상(진리)에 대한 동경과 좌절을 드러낸다. 연인(진리)을 숭고한 위치에 올려놓고 흠모하고 닮으려는 욕망으로 삶의 의미를 찾아가는 태도가 '승화'라고 정신분석가들은 말한다. 현대는 금욕에 의한 승화의 기쁨을 얻는 대신 감각의 직접 향유로 욕망을 누리고자 하는 시대이다. 예술도 이런 사조에 흘러가고 있고 감각의 기쁨은 있으나 내면의 목소리는 가려지고 희미해져가고 있다. 과거의 천재시인들은 자신의 심혼에 거주하는 '데몬(Demon)'의 목소리를 듣는 자였다. 이 목소리에 귀를 기울이는 시인들이 점점 없어져 간다.

  시와 음악의 신이었던 아폴로는 의술의 신이기도 하다. 그리스 시대에는 예술이란 기술(Techne)이었다. 예술이란 모방에 의해 쾌락을 얻는 기술이면서 동시에 인간의 심혼을 치료한다는 암시이다. 아리스토텔레스는 예술이 특수와 보편의 매개역할을 하면서 '진리'를 드러낸다고 보았다. 그래서 그런지 '진리'라는 원본이 없다고 생각하는 포스트모던 예술은 형식의 쾌락은 있으나 인간의 심혼을 치료하는 기능은 없는 것 같다. 여러 다른 시편들이 있지만 언급한 시들은 김시인이 자신의 심혼이 말하는 소리에 귀 기울인 시라고 생각한다. 김영미 시인의 시가 더 확장되어서 타인의 삶을 치유하는 시, 아트(Art)이자 테크네(Techne)가 되기를 바란다.

두부
시와사상 시인선 15

찍은날 | 2011년 9월 20일
펴낸날 | 2011년 9월 25일

지은이 | 김영미
발행인 | 김경수
펴낸곳 | 시와사상사
부산광역시 금정구 부곡동 325-36번지
전화 · 051-512-4142
팩스 : 051-581-4143
E-mail : sisasang@dreamwiz.com
http://www.sisasang.co.kr

등록번호 | 제05-11-7호
등록일자 | 2005년 7월 18일

인쇄처 | 도서출판 세리윤

값 7,000원

ISBN 978-89-94203-03-4 04810

• 잘못된 책은 바꾸어 드립니다.
• 지은이와 협의에 의해 인지는 생략합니다.